Bibliografische Information der Deutschen Nationalbibliothek:

Die Deutsche Bibliothek verzeichnet diese Publikation in der Deutschen National-
bibliografie; detaillierte bibliografische Daten sind im Internet über http://dnb.d-
nb.de/ abrufbar.

Impressum:

Copyright © 2017 GRIN Verlag
Druck und Bindung: Books on Demand GmbH, Norderstedt Germany
ISBN: 9783346031273

Dieses Buch bei GRIN:

https://www.grin.com/document/502131

Wjatscheslaw Prinz

Informationsasymmetrien und ihre Auswirkungen auf den Marktmechanismus

GRIN Verlag

GRIN - Your knowledge has value

Der GRIN Verlag publiziert seit 1998 wissenschaftliche Arbeiten von Studenten, Hochschullehrern und anderen Akademikern als eBook und gedrucktes Buch. Die Verlagswebsite www.grin.com ist die ideale Plattform zur Veröffentlichung von Hausarbeiten, Abschlussarbeiten, wissenschaftlichen Aufsätzen, Dissertationen und Fachbüchern.

Besuchen Sie uns im Internet:

http://www.grin.com/

http://www.facebook.com/grincom

http://www.twitter.com/grin_com

HAWK – Hochschule für angewandte Wissenschaft und Kunst
Fakultät Management, Soziale Arbeit, Bauen

Studiengang Bachelor of Science
in Immobilienwirtschaft und – management
in Holzminden/Hildesheim/Göttingen

Seminararbeit

Informationsasymmetrien und ihre Auswirkungen auf den Marktmechanismus

in

Sommersemester 2017

Verfasser: Wjatscheslaw Prinz

INHALTSVERZEICHNIS

ABBILDUNGSVERZEICHNIS

ABKÜRZUNGSVERZEICHNIS

Abs.	Absatz
d. h.	das heißt
etc.	et cetera
s. g.	so genannt
vgl.	vergleiche
z. B.	zum Beispiel

SYMBOLVERZEICHNIS

„"   Anführungszeichen

1   EINLEITUNG

Die vorliegende Ausarbeitung setzt sich mit dem Thema „Informationsasymmetrien und Ihre Auswirkung auf den Marktmechanismus" kritisch auseinander. Hierbei werden sowohl die allgemeine Funktionsweise des Marktes als auch die Besonderheiten des Immobilienmarktes aufgezeigt und eine Schnittstelle zu einem aktuellen immobilienwirtschaftlichen Sachverhalt hergestellt, welcher sich insbesondere in der s. g. Principal-Agent-Theorie wiederspiegelt.

1.1   Problemstellung

Eine freie Marktwirtschaft ist im Wesentlichen von der Existenz freier und funktionierender Märkte geprägt. In einem funktionierenden Markt sollten alle Teilnehmer die Möglichkeit haben, miteinander in Austausch zu treten und aufgrund der verfügbaren Informationen miteinander Geschäfte zu tätigen. Wenn diese Informationen ungleich verteilt sind, ist eine Informationsasymmetrie gegeben. Diese führt dazu, dass das Gleichgewicht des Marktes gestört werden kann. Dies kann zu sogenannten Wohlfahrtsverlusten und einem Marktversagen führen. Diese grundsätzlichen Überlegungen gelten für die Wirtschaft allgemein. Sie sind somit auch auf die Immobilienbranche übertragbar. Daraus ergibt sich die Annahme, dass die Marktmechanismen des Immobilienmarktes gestört werden könnten, wenn zwischen den beteiligten Marktteilnehmern eine Informationsasymmetrie besteht. Daraus ergibt sich die Relevanz des Themas: Wenn in der Immobilienbranche Informationsasymmetrien herrschen, kann dies zu großen Wohlfahrtsverlusten führen, da die Branche insgesamt eine herausragende volkswirtschaftliche Bedeutung hat und „einer der wichtigsten Wirtschaftszweige der Volkswirtschaft ist."[1]

Dieser Zusammenhang wird in der vorliegenden Arbeit anhand der Forschungsfrage „Welchen Einfluss haben Informationsasymmetrien auf den Marktmechanismus in der Immobilienbranche?" untersucht. Dabei handelt es sich um eine reine Literaturarbeit, die keine eigenen Untersuchungen integriert, sondern ausschließlich auf der Sichtung und Auswertung der vorhandenen Fachliteratur basiert. Das Vorgehen sieht folgendermaßen aus:

In Kapitel 2 wird kurz skizziert, wie Märkte allgemein funktionieren, welche Bedingungen gegeben sein müssen und unter welchen Umständen ihr Funktionieren gestört werden kann. das dritte Kapitel stellt die Prinzipal-Agent-Theorie vor, da diese zur Erklärung asymmetrischer Informationen und des daraus resultierenden Vorgehens gut

---

[1] Voigtländer / Henger / Haas et al. (2013), S. 2.

geeignet ist. Im anschließenden Kapitel 4 wird dargestellt, wie die Prinzipal-Agent-Theorie auf die Immobilienbranche übertragen werden kann. Es folgt eine kritische Diskussion der Ergebnisse in Kapitel 5, bevor im abschließenden Fazit die eingangs gestellte Forschungsfrage beantwortet wird.

1.2   Zielsetzung

Die Zielsetzung besteht in der Beantwortung der Forschungsfrage und damit eine Hilfestellung für die Anwendung in der Praxis geben zu können. Die Beantwortung der Frage führt im Idealfall zur Erkenntnis über das Entstehen von Informationsasymmetrien. Daraus sollen Handlungs- und Anwendungsmöglichkeiten für die Praxis abgeleitet werden. Diese könnten beispielsweise so aussehen, dass das Entstehen von allzu starken Informationsasymmetrien verhindert oder – falls dies nicht möglich ist – zumindest abgemildert werden kann. Das Ziel dabei sollte stets sein, dem Ideal eines freien Marktes möglichst nahe zu kommen und das Marktgeschehen von störenden Faktoren (wie z. B. Informationsasymmetrien) möglichst zu befreien.

2 DIE FUNKTIONSWEISE DES MARKTES

Das folgende Kapitel beschäftigt sich mit der allgemeinen Funktionsweise des Marktes. Hierbei wird der Markt als Zusammenspiel von Angebot und Nachfrage definiert. Fortlaufend werden die Besonderheiten des Immobilienmarktes aufgezeigt und dadurch ein Aktualitätsbezug in der Immobilienbranche in Hinsicht auf die Markttransparenz hergestellt.

2.1 Allgemeine Marktfunktionen

Die vorliegende Arbeit beschreibt anhand der Prinzipal-Agent-Theorie Interaktionen zwischen verschiedenen Akteuren auf dem Immobilienmarkt. Um diese besser einordnen zu können, werden zunächst die Hintergründe dargestellt. Daher folgt in den beiden nächsten Kapiteln eine allgemeine Darstellung des Marktes und seiner Funktionen. Diese beziehen sich auf Aussagen von Wirtschaftswissenschaftlern, die auf jeden Markt zutreffen. Im Rahmen von Kapitel 4 wird dann noch gezielt auf den Immobilienmarkt eingegangen.

2.1.1 Der Markt

Der Markt regelt das Zusammenkommen von Angebot und Nachfrage und beinhaltet alle Austauschprozesse, die damit in Zusammenhang stehen. Dazu gehört die Annahme, dass eine vollständige Markttransparenz herrscht. Es wird davon ausgegangen, dass alle beteiligten Akteure über die gleichen Ausgangsinformationen verfügen, die sie sich zudem ohne zusätzliche Kosten beschaffen können. Dieser theoretische Idealzustand ist in der Praxis in dieser Form nie gegeben, da weitere Faktoren hinzukommen, die das Marktgeschehen beeinflussen. Zu diesen Faktoren zählen die Unterscheidungskriterien für Märkte. Eine solche Unterscheidung wird ermöglicht aufgrund von „Institutionalisierungsgrad, der Art des Marktzutritts, dem Autonomiegrad der Marktteilnehmer und den vorherrschenden Präferenzen."[2]

Der Markt ist zudem gekennzeichnet durch die Knappheit von Gütern und die daraus entstehende Konkurrenz um diese Güter. Bei den in dieser Arbeit angeführten Beispielen aus der Immobilienbranche ergibt sich die Knappheit der Güter aus der begrenzten Verfügbarkeit von Gebäuden und bebauten oder bebaubaren Flächen. Der Marktzutritt ist dadurch begrenzt, dass nur Akteure mit bestimmten finanziellen Möglichkeiten und Ressourcen als Käufer und Verkäufer auftreten. Die Art des Marktzutritts ist gerade auf

---

[2] Piekenbrock (2018), o. S.

Seite der Makler an Fachwissen gebunden, während dieses sowohl für Käufer als auch für Verkäufer eingesetzt werden kann.

2.1.2   Funktionen des Marktes

Die Hauptfunktion des Marktes besteht auch darin, ein Gleichgewicht herzustellen. Die Theorie geht aus von einem vollkommenen Markt, in dem sich der Preis durch das Aufeinandertreffen von Angebot und Nachfrage ergibt. Das Marktgleichgewicht kommt zustande durch eine Kombination von Preis und Menge. Das bedeutet, dass das aggregierte Angebot und die aggregierte Nachfrage übereinstimmen. In einem solchen Markt können alle Angebots- und Nachfragepläne realisiert werden.[3]

Bezogen auf die Immobilienbranche würde dies bedeuten, dass alle potenziellen Immobilienkäufer das gewünschte Objekt auf dem Markt finden und dass im Umkehrschluss alle Anbieter Objekte anbieten können, die von den Kunden nachgefragt werden.

Das Zusammentreffen von Anbietern und Nachfragern ist immer auch mit Kosten verbunden, den sogenannten Transaktionskosten. Dies sind: „The ex ante costs of drafting, negotiating, and safeguarding an agreement and, more especially, the ex post costs of maladaptation and adjustment that arise when contract execution is misaligned as a result of gaps, errors, omissions, and unanticipated disturbances; the costs of running the economic system."[4] Die ex ante-Kosten fallen an, bevor ein Vertrag zustande kommt oder ein Geschäft abgeschlossen wird. Die ex post-Kosten sind jene Kosten, die erst hinterher anfallen. Von Bedeutung ist hier auch immer die damit zusammenhängende Organisation.[5] Dieser Aspekt wird in Kapitel 4 noch genauer ausgeführt, wenn der Bezug zur Immobilienbranche hergestellt wird.

2.2   Die Besonderheiten des Immobilienmarktes

Das folgende Kapitel stellt den Bezug des allgemeinen Marktes mit der Immobilienbranche und dessen Markt her. Hierbei wird der Immobilienmarkt zunächst allgemein definiert und im nächsten Schritt die Besonderheiten des Immobilienmarktes in Deutschland herausgearbeitet.

---

[3] Vgl. Woeckener (2013), S. 79.
[4] Williamson (1994), S. 103.
[5] Vgl. Williamson (1994), S. 77.

2.2.1   Immobilienmarkt allgemein

Der Immobilienmarkt umfasst jenen Markt, der Angebot und Nachfrage in Beziehung auf Immobilien regelt. Dazu gehört nicht nur der Handel mit Grundstücken und Gebäuden, sondern auch die Bewirtschaftung von Wohn- und Gewerberäumen. Damit unterscheidet sich dieser Markt von allen anderen Märkten, denn die gehandelten Produkte (hier: Immobilien) sind stets Unikate, die in dieser Form kein zweites Mal existieren. Diese Einzigartigkeit ergibt sich auch aus der „technischen und kulturellen Infrastruktur sowie von ökologischen Faktoren."[6]

Im weitesten Sinne gehören zum Immobilienmarkt alle Dienstleistungen, die mit Handel (von Immobilien), Vermietung, Verpachtung und Vermittlung sowie Verwaltung zu tun haben.[7] In dieser Arbeit ist jedoch der Aspekt des Handels von besonderer Bedeutung und wird hierbei durch den Makler als Händler verkörpert.

Das auf jedem Markt herrschende Prinzip von Angebot und Nachfrage kommt auf dem Immobilienmarkt besonders stark zum Tragen. Ein gutes Beispiel hierfür sind Preissteigerungen für Immobilien in begehrten Innenstadtlagen. Aufgrund der Begrenztheit der bebaubaren Flächen und der limitierten Verfügbarkeit bestimmter Objekte, können exorbitante Preise auf dem Markt erzielt werden. Um auf diesen Markt möglichst gute Produkte zu finden, ist die Inanspruchnahme eines Maklers, der hier als Agent auftritt, oft unerlässlich.

2.2.2   Besonderheiten des Immobilienmarktes in Deutschland

Der deutsche Immobilienmarkt weist im internationalen Vergleich einige Besonderheiten auf. Während in anderen Ländern der Besitz von Häusern oder Wohnungen der Normalfall ist, verfügt Deutschland über einen relativ hohen Anteil an Mietern.[8] Im Euroraum besitzen durchschnittlich über 60 Prozent der privaten Haushalte Wohneigentum, d. h. sie selbst bewohnte Immobilie befindet sich im eigenen Besitz.[9]

Durch die massiven Aufbauleistungen in Folge der durch den zweiten Weltkrieg hervorgerufenen Zerstörungen wurden in Deutschland in vergleichsweise kurzer Zeit eine große Anzahl neuer Wohneinheiten geschaffen. Damals war noch nicht absehbar,

---

[6] Brauer (2013), S. 10.
[7] Vgl. Voigtländer / Henger / Haas et al. (2013), S. 4.
[8] Vgl. Voigtländer (2014), S. 63.
[9] Vgl. Babl (2013), S. 3f.

dass Wohnungen von Privatpersonen vermietet würden, wie es zum Beispiel bei Eigentumswohnungen der Fall ist.[10]

Durch die – im internationalen Vergleich – hohe Anzahl an Mietwohnungen ist der deutsche Immobilienmarkt sehr attraktiv für Kapitalanleger, die in Immobilien investieren. Dabei ist unabhängig, ob es sich um große Konzerne oder Privatanleger handelt. Alleine unter den Privathaushalten in Deutschland sind über 23 Prozent im Besitz von Immobilien, die sie nicht selber bewohnen, sondern nur zur Vermietung angeschafft haben.[11]

Bezogen auf die Prinzipal-Agent-Theorie ist dieser Aspekt von Belang, da zum Beispiel bei der Konstellation von Interaktionen zwischen ausländischen Großinvestoren und deutschen Maklern bzw. Immobilienunternehmen eine mögliche Informationsasymmetrie besonders bedeutsam sein kann, vorausgesetzt, die ausländischen Investoren sind mit den speziellen Regelungen des deutschen Immobilienrechts nicht vertraut. Diesem Aspekt kommt eine entscheidende Bedeutung zu, denn der Unterschied zwischen Immobilien und anderen Gütern liegt auch darin begründet, dass der Handel mit ihnen besonderen Regeln unterworfen ist. Die Bedeutung des Immobilienmarktes für die Volkswirtschaft der Bundesrepublik Deutschland ergibt sich an dem großen Anteil, den Immobilien ausmachen. Zum Vergleich: Im Jahr 2013 waren alleine im Immobilienhandel bundesweit etwa 7.500 Personen beschäftigt, die Umsätze in Höhe von 16 Milliarden Euro erzielten.[12] Der Gesamtbestand an Wohneinheiten in Deutschland betrug im selben Zeitraum (Stand 2013) 41,3 Millionen.[13]

Im Laufe der Zeit ist diese Zahl noch leicht gestiegen. das Statistische Bundesamt nennt in der letzten Erhebung für das Jahr 2016 (erschienen im Jahr 2017) einen Gesamtbestand an Wohneinheiten in Höhe von 41.703.347 Stück, somit ein Anstieg von etwa 400.000 Einheiten innerhalb von circa drei Jahren.[14]

An dieser positiven Entwicklung hat sich nichts geändert. das zeigt sich an der jüngsten Entwicklung. So konnte im Jahr 2017 ein weiterer Anstieg der Investitionen in Immobilien verzeichnet werden.[15] Daraus lässt sich ableiten, dass die Immobilienbranche auch weiterhin eine wichtige Rolle in der Wirtschaft spielt.

---

[10] Vgl. von Hauff / Musielack (2013), S. 21.
[11] Vgl. Babl (2013), S. 4.
[12] Vgl. Voigtländer / Henger / Haas et al. (2013), S. 5.
[13] Vgl. Voigtländer / Henger / Haas et al. (2013), S. 8.
[14] Vgl. Destatis (Hrsg.) (2017), S. 7.
[15] Vgl. Lange (2017), S. 6.

3   GRUNDZÜGE DER PRINZIPAL-AGENT-THEORIE

Bevor die Prinzipal-Agent-Theorie auf die Situation zwischen Investor und Makler in der Immobilienbranche angewendet wird, erfolgt zunächst eine allgemeine Darstellung. Das folgende Kapitel zeigt die Inhalte der Theorie auf und ordnet sie in ihren wissenschaftlichen Zusammenhang und bildet somit den theoretischen Hintergrund für die spätere Anwendung auf die Immobilienbranche, die in Kapitel 4 folgt.

3.1   Inhalte der Prinzipal-Agenten-Theorie

Die Prinzipal-Agenten-Theorie kann besonders zur Erklärung von Konstellationen herangezogen werden, bei denen die beteiligten Akteure über ein unterschiedliches Informationsniveau verfügen. Der Agent hat einen Wissensvorsprung gegenüber dem Prinzipal.[16]

Beide Akteure stehen in einem Abhängigkeitsverhältnis zueinander und einer der Beteiligten besitzt einen Wissensvorsprung gegenüber dem anderen. Dieses Abhängigkeitsverhältnis ist dadurch gekennzeichnet, dass ein Auftragshandeln stattfindet und eine Delegation von Entscheidungsrechten stattfindet.[17]

Die Informationsasymmetrie kommt dadurch zustande, dass beide Akteure über einen unterschiedlichen Wissensstand verfügen. Dazu gehören „die Charakteristiken (hidden characteristics), Handlungen (hidden action) und Absichten (hidden intention) des Vertragspartners."[18] Bei all diesen Aspekten handelt es sich um verschiedene Varianten von asymmetrischen Informationen.

Die hidden characteristics sind verborgene Eigenschaften des Agenten, oder der von ihm angebotenen Waren – im hier behandelten Fall Immobilien, die dem Prinzipal bekannt ex ante – vor Abschluss, bereits bekannt sind. Unter hidden action wird verstanden, dass im Nachhinein, (ex post) nach Abschluss des Vertrages oder der Transaktion Veränderungen auftreten. Hinzu kommen noch die Absichten (hidden intention) der Beteiligten. Dabei handelt es sich um verborgene Informationen. Ein solches Beispiel wäre im Immobilienbereich zum Beispiel dann gegeben, wenn ein Gebäude Mängel aufweist, die zwar bekannt sind, aber erst später bekannt werden. Der Agent verfügt über alle notwendigen Informationen und kann frei entscheiden, während der Prinzipal dagegen nur unzureichend informiert. Dieser Informationsvorsprung des Agenten gegenüber dem Prinzipal kann ausgenutzt werden, was zu einer Ungleichheit führt. Zu-

---

[16] Vgl. Schmidt (2016), S. 7.
[17] Vgl. Heider (2016), S. 62.
[18] Schmidt (2016), S. 7.

grunde gelegt wird das klassische Bild des Homo Oeconomicus, der stets nach ratio-
nalen Motiven handelt und vollständig über alles informiert ist. Allerdings trifft dieses
Modell nicht auf alle Menschen zu, denn viele handeln schlichtweg eigennützig, auch
wenn dies nicht zwangsläufig rational sein muss.[19]

Beide Marktteilnehmer wollen ihren Nutzen maximieren. Dabei bewegen sie sich auf
einem unterschiedlichen Risikoniveau. Prinzipiell sind verschiedene Risikoneigungen
der Akteure denkbar, dies sind Risikoneutralität, Risikoaversion und Risikofreude.
Klassische Darstellungen der Theorie gehen jedoch von folgenden Grundlagen aus:
Während der Auftraggeber (der Prinzipal) risikoneutral ist, ist der Auftragnehmer (der
Agent) risikoscheu.[20]

Folgende Abbildung zeigt auf, wie sich beide Parteien zueinander verhalten (Prinzipal
und Agent) und welche Wechselwirkungen sich daraus ergeben:

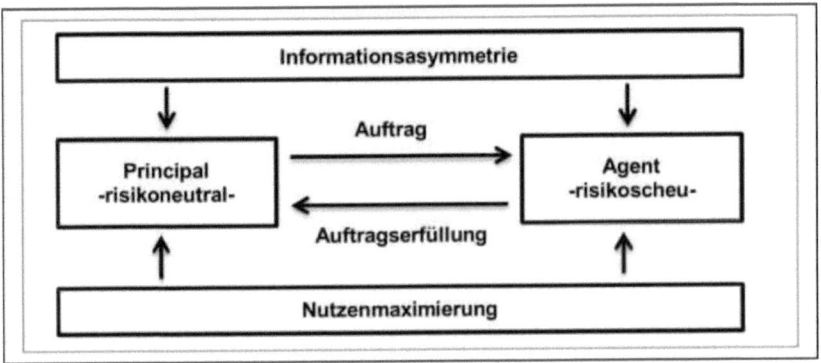

Abbildung 1: Das Grundschema der Prinzipal-Agenten-Theorie[21]

Die Abbildung zeigt, dass beide Parteien eine Nutzenmaximierung verfolgen. Sie haben ein unterschiedliches Verhältnis zum Risiko und stehen in einer Wechselwirkung
zwischen Auftragserteilung und Auftragserfüllung zueinander. Dieses Modell enthält
zudem die sogenannten verborgenen Eigenschaften. Auf diese wird in den nächsten
beiden Kapiteln eingegangen, in denen zugleich die Vor- und Nachteile des Modells
beschrieben werden.

---

[19] Vgl. Willenbacher (2016), S. 212ff.
[20] Vgl. Schmidt (2016), S. 8.
[21] Quelle: Schmidt (2016), S. 8.

3.2   Analyse der Vor- und Nachteile des Modells

Die Prinzipal-Agent-Theorie beinhaltet sowohl Vor- als auch Nachteile. Der Vorteil des Modells besteht darin, dass es geeignet ist, verschiedene Konstellationen zwischen verschiedenen Akteuren des Marktes und deren mögliche Handlungsweisen zu erklären. Dies kann hilfreich sein, um konkrete Situationen darzustellen und beispielsweise mögliche Abläufe von geschäftlichen Transaktionen besser einschätzen zu können. Um die Vor- und Nachteile jedoch richtig einschätzen zu können, müssen die verborgenen Eigenschaften beurteilt werden. Eine dieser Eigenschaften ist das Signaling. Der Prinzipal wählt einen Agenten auch anhand der Signale, die dieser aussendet. Diese Signale sollen verdeutlichen, dass der Agent vertrauenswürdig und leistungsfähig ist und somit geeignet, um den Anforderungen des Prinzipals gerecht zu werden. Der Prinzipal kann darauf reagieren, indem er ein Screening durchführt. Damit ist die Prüfung der in Frage kommenden Agenten gemeint. In der Praxis wird dies so aussehen, dass der Prinzipal eigene Recherchen unternimmt und die auf dem Markt befindlichen Bewerber vergleicht. Ein weiterer Vorteil liegt auch in der Abstraktion des Modells. Bezogen auf die Immobilienbranche kann es auf zwei Weisen angewendet werden: Ausgangslage ist immer die geschäftliche Interaktion zwischen einem Immobilienkäufer und einem Immobilienverkäufer. Im ersten Falle kann der Verkäufer als Prinzipal auftreten. Im zweiten Falle ist es umgekehrt. Nachteilig ist die Tatsache, dass es sich nur um einen theoretischen Ansatz handelt, der auf bestimmten Annahmen beruht. Wenn diese Annahmen real gegeben sind, kann mit dem Ansatz ein Geschehen erklärt werden. Wenn allerdings nur unvollständige Informationen vorliegen, führt das Modell auch zwangsläufig zu verzerrten Ergebnissen. Die Theorie darf nicht darüber hinwegtäuschen, dass sich lediglich ein Idealzustand beschreiben lässt. In der Praxis wird dieser in der beschriebenen Art und Weise nie vorhanden sein. Die theoretische Darstellung stellt somit immer nur eine vage Annäherung an die reale Situation dar. Darüber hinaus kann vom Benachteiligten (in diesem Falle dem Prinzipal, da sich das Informationsdefizit auf seiner Seite befindet) nur schwer eingeschätzt werden, wie groß die Auswirkungen der fehlenden Information sein werden. Hinzu kommt bei der Anwendung auf die Immobilienbranche noch ein weiterer Aspekt: Da keine allgemein verfügbaren Produkte gehandelt werden, sondern Immobilien die – per Definition – an einen festen Standort gebunden sind, ist es umso wichtiger, dass der Verkäufer nicht nur über allgemeine Branchenkenntnisse verfügt, sondern darüber hinaus auch gute Spezialkenntnisse der jeweils lokalen Branchengegebenheiten hat. [22]

---

[22] Vgl. Schmidt (2016), S. 8ff.

4 ÜBERTRAGUNG DER PRINZIPAL-AGENT-THEORIE AUF DIE IMMOBILIENBRANCHE

Die Immobilienbranche zeichnet sich gegenüber anderen Branchen durch einige Besonderheiten aus. Zunächst ist dies der Handel mit Objekten, die einzigartig sind. Während andere Güter theoretisch in jeder Menge hergestellt werden können, ist eine Immobilie immer ein unvergleichbares Einzelstück. Selbst bei einem identischen Gebäude wäre die Lage nicht exakt dieselbe. Auch die Akteure auf dem Immobilienmarkt weisen sehr unterschiedliche Eigenschaften auf. Privatkunden kaufen Immobilien zur eigenen Nutzung oder zur Geldanlage, während institutionelle Anleger (zum Beispiel große Firmenkunden) ganze Portfolios an Immobilien handeln. Nicht zuletzt durch die Finanzkrise der letzten Jahre befindet sich auch der Immobilienmarkt in einer Krise.[23]

Durch die Beschaffenheit der Immobilien können diese nur mit großem Aufwand gehandelt werden, da die Abwicklung solcher Geschäfte von vielen Rechtsvorschriften geregelt wird.[24]

4.1 Investor und Makler als Prinzipal und Agent

Bei der Übertragung der Prinzipal-Agent-Theorie auf die Immobilienbranche sind grundsätzlich verschiedene Varianten dankbar. Der Prinzipal kann hierbei ein Privatkunde sein, während der Agent die Investoren vertritt, die gegenüber dem Privatkunden einen Informationsvorsprung haben, da sie die möglichen Preisentwicklungen der Immobilie besser einschätzen können.[25]

Im hier dargestellten Beispiel wird davon ausgegangen, dass ein Investor einen Makler mit der Suche bestimmter Immobilien beauftragt. Dabei nimmt der Investor die Rolle des Prinzipals ein und der Makler die des Agenten.[26] Der Prinzipal erteilt den Auftrag, der Agent führt ihn aus, wie in Kapitel 3.1.2 beschrieben und in Abbildung 1 dargestellt.

In diesem Zusammenhang spielen die in Kapitel 2.1.2 genannten Transaktionskosten eine Rolle. Williamson hat darauf verwiesen, dass diese immer mit der Organisation in Zusammenhang stehen.[27] Im genannten Beispiel von Investor und Makler bedeutet das, der Investor hat Transaktionskosten zu tragen in Form des Aufwandes, den er für die Auswahl des besten Maklers/Agenten aufwenden muss. Auf der Seite des Maklers

---

23 Vgl. Wolke (2008), S. 155.
24 Vgl. Wolke (2008), S. 155.
25 Vgl. Babl (2013), S. 27f.
26 Vgl. Babl (2013), S. 27f.
27 Vgl. Williamson (1994), S. 77.

entstehen Transaktionskosten für das Signaling – alle Handlungen und Investitionen die er unternimmt, um den Investor/Prinzipal davon zu überzeugen, dass er der beste Bewerber zur Abwicklung des geplanten Immobiliengeschäftes ist. [28]

4.2 Konkrete Auswirkungen

Die konkreten Auswirkungen sind hierbei vielseitig zu betrachten. Das nachfolgende Kapitel zeigt hierbei das Marktversagen in insgesamt zwei Ebenen auf. Diese könnten dementsprechend auf der einen Seite aus dem Informationsdefizit beim Prinzipal und auf der anderen Seite dem Informationsüberschuss beim Agenten bestehen.

4.2.1 Informationsdefizit beim Prinzipal

Die Informationsasymmetrie zeigt sich daran, dass beim Prinzipal (im gewählten Beispiel der Investor) ein Informationsdefizit gegenüber dem Agenten (dem Makler) besteht. Dieses besteht darin, dass er dem Angebot des Maklers zu einem gewissen Maße trauen muss. Der Investor verfügt über finanzielle Mittel, die er gewinnbringend in Immobilien investieren will. Der Makler in der Rolle des Agenten kennt den Markt und weiß, welche Objekte er möglichst gewinnbringend verkaufen kann. Das Problem für den Investor besteht darin, dass er nie sicher sein kann, ob er bei einem anderen Makler für dieselbe Summe eine höherwertige Immobilie erhalten hätte. Ein oberflächlicher Vergleich ist zwar möglich, beispielsweise durch die üblichen Mittel der Informationsbeschaffung (wie das Einholen von Angeboten anderer Makler oder eigene Internetrecherchen). Da der Investor aber kein Fachmann auf diesem Gebiet ist muss er letztlich den Informationen des Agenten vertrauen. Er hat auch kaum Möglichkeiten, die Bedeutung einzelner Informationen einzuschätzen. Es ist beispielsweise möglich, dass er nach dem Kauf feststellt, dass er bei einem anderen Anbieter eine vergleichbare Immobilie zu einem etwas günstigeren Preis hätte erwerben können. In diesem Falle wäre der durch die Informationsasymmetrie entstandene Schaden gering gewesen. Schwieriger ist es, wenn sich nach Abwicklung des Immobilienkaufes herausstellt, dass entgegen der ursprünglichen Annahme der Zustand der Immobilie ein andere ist und somit der Wert massiv beeinflusst wird. [29]

---

[28] Vgl. Williamson (1994), S. 77.
[29] Vgl. Williamson (1994), S. 77ff.

4.2.2   Informationsüberschuss beim Agenten

Der Makler als Agent verfügt über mehr Informationen als sein Kunde, der Investor. Hier kommt der in Kapitel 3.2 beschriebene Aspekt des Signalings zum Tragen. Der Agent muss nicht nur positive Signale aussenden, sondern den Prinzipal von seinen Fähigkeiten überzeugen. Auf die Immobilienbranche übertragen kann das bedeuten, dass er bestimmte begehrte Immobilien im Angebot hat oder über Wissen verfügt, durch das er einen Vorteil gegenüber anderen Mitbewerbern auf dem Markt hat. Dazu kann zum Beispiel das Wissen um die Neubewertung des Umfeldes der Immobilien zählen, zum Beispiel durch geplante Bauprojekte (Flughafen, Autobahn etc.), die eine direkte Auswirkung auf den zukünftigen Marktwert der Immobilie haben können.[30]

---

[30] Vgl. Schmidt (2016), S. 8ff.

5   KRITISCHE DISKUSSION

Die Bedeutung von Informationen über geschäftliche Transaktionen ist gerade im Immobiliengeschäft besonders wichtig. Dies ergibt sich aus der Tatsache, dass es sich bei Immobilien nicht um Massenware oder beliebig produzierbare Produkte handelt, sondern um Objekte, die sehr viel Kapital binden. Wenn zum Beispiel nach dem Kauf Mängel festgestellt werden, die eine umfassende Sanierung oder Reparatur erforderlich machen, können schnell hohe Summen ins Spiel kommen. Zudem ist der Wert einer Immobilie davon abhängig, wie ihr Umfeld bewertet wird. Wenn beispielsweise in der Nähe einer Wohngegend ein Flughafen errichtet wird, führt dies mit hoher Wahrscheinlichkeit zu einem Verfall der Preise. Falls in einem solchen Fall einer der Akteure über Insiderwissen verfügt, kann er unter Umständen einen hohen Vorteil daraus ziehen. Daraus ergibt die Notwendigkeit für den Prinzipal, bei der Wahl seines Agenten/Maklers besonders vorsichtig vorzugehen, da er: erstens Kapital in einer gewissen Höhe investiert und ein großes Risiko eingeht und zweitens, nur beschränkte Vergleichsmöglichkeiten hat, das über das Fachwissen hinaus auch die spezifischen Ortskenntnisse (beziehungsweise Branchenkenntnisse) von Bedeutung sind. Ein besonders drastisches Beispiel ist der Fall des Jürgen Schneider, der in den Jahren nach der Wiedervereinigung große Immobilienprojekte betrieben hat, die später insolvent gingen. Das Vorgehen sah so aus, dass ganz bewusst falsche Informationen vorgelegt wurden, um an Kredite zu kommen. Die zur Verfügung gestellten Summen hatten aber keinen Gegenwert in Form entsprechender Immobilien, da viele der angeblichen Werte nur auf dem Papier existierten. Dieses Beispiel zeigt, dass durch bewusst herbeigeführte Informationsasymmetrien die Mechanismen des freien Marktes ausgehebelt wurden. Dabei muss jedoch betont werden, dass es sich bei diesem Fall um einen bewussten Betrug handelte, der weit über die Informationsasymmetrien hinausging, die innerhalb eines normalen Marktgeschehens vorhanden sind. Die Handlungsmöglichkeiten, die sich bei Informationsasymmetrien im „normalen" Marktgeschehen ergeben, werden im nächsten Kapitel im Rahmen der Beantwortung der Forschungsfrage dargestellt.[31]

---

[31] Vgl. Axel Springer (Hrsg.) (2016), S.1

6   FAZIT

Die eingangs aufgeworfene Forschungsfrage „Welchen Einfluss haben Informationsasymmetrien auf den Marktmechanismus in der Immobilienbranche?" kann nun folgendermaßen beantwortet werden: Das Vorhandensein einer Informationsasymmetrie führt immer dazu, dass einzelne Akteure – egal auf welchem Markt – über einen Vorteil gegenüber den anderen Akteuren (meist sind dies die Konkurrenten) verfügen. In der Immobilienbranche können solche Informationsasymmetrien im Verhältnis zwischen Investor und Makler auftauchen. Diese zeigen sich derart, dass der Makler in der Regel besser informiert ist als der Investor. Gemäß den Grundlagen der Prinzipal-Agent-Theorie wird der Makler durch Signaling versuchen, sich als kompetentester Agent auf dem Markt anzubieten, während der Investor als Prinzipal durch Screening versucht, die Kompetenz des Agenten zu testen. In der Praxis kann diese Informationsasymmetrie nur dadurch verringert werden, dass die Transaktionskosten erhöht werden. Das bedeutet, der Prinzipal muss personelle und zeitliche Ressourcen einsetzen, um sich möglichst viele Informationen über den Agenten zu verschaffen.

Der Marktmechanismus wäre dann gestört, wenn durch die unterschiedlichen Informationen das freie Spiel von Angebot und Nachfrage gefährdet würde. Dies kann dann der Fall sein, wenn bewusst mit falschen Informationen gearbeitet wird. Um dies zu verhindern ist es sinnvoll, auf die im Rahmen der Prinzipal-Agent-Theorie beschriebenen Möglichkeiten des Signalings (seitens des Agenten) und des Screenings (seitens des Prinzipals) zurückzugreifen, wobei dem Screening hier die wichtigere Bedeutung zukommt. Dadurch kann sichergestellt werden, dass das Informationsdefizit möglichst verringert wird und der Prinzipal durch gutes Screening (genaue Überprüfung der Referenzen, Angebote etc. des Agenten) dessen Signaling-Strategie (Außendarstellung, Informationen) möglichst kritisch prüft. Hilfreich sind hier verschiedene Aspekte: Durch die technischen Möglichkeiten des Internets können vergleichsweise einfach Informationen beschafft werden. Hinzu kann der Kunde Bewertungen in Vergleichsportalen lesen und sich damit einen Einblick in die Referenzen des Anbieters/Maklers verschaffen.[32] Das Ziel muss stets darin bestehen, über möglichst viele und seriöse Informationen zu verfügen. Wenn dies gelingt, kann die bestehende Informationsasymmetrie möglichst reduziert und ein Marktversagen verhindert werden.

---

[32] Wobei es theoretisch möglich ist, solche Bewertungen zu manipulieren. Dennoch kann davon ausgegangen werden, dass eine möglichst hohe Anzahl an möglichst guten Bewertungen einen realistischen Hinweis auf die Kompetenz des Unternehmens/des Maklers zulässt.

LITERATURVERZEICHNIS

Axel Springer SE (Hrsg.) (2016): Abgestürzte Millionäre: Jürgen Schneider; online verfügbar unter: http://luxus.welt.de/living/society/abgestuerzte-millionaere-juergen-schneider; zuletzt aktualisiert: 10/2016 zuletzt geprüft am: 02.04.2018

Babl, Andreas (2013): Asymmetrische Information auf Immobilien- und Hypotheken-märkten; Regensburg 2013.

Brauer, Kerry-U. (2013): Einführung in die Immobilienwirtschaft; in: Ders.: Grundlagen der Immobilienwirtschaft. Recht – Steuern – Marketing – Finanzierung – Bestandsma-nagement – Projektentwicklung; 8. Auflage; Wiesbaden 2013; S. 1–58.

Destatis (Hrsg.) (2017): Gebäude und Wohnungen. Bestand an Wohnungen und Wohngebäuden Bauabgang von Wohnungen und Wohngebäuden Lange Reihen ab 1969 – 2016; online verfügbar unter: https://www.destatis.de/DE/Publikationen/Thematisch/Bauen/Wohnsituation/Fortschrei bungWohnungsbestandPDF_5312301.pdf?__blob=publicationFile; zuletzt aktualisiert: o. D.; zuletzt geprüft am 22.03.2018.

Hauff, Michael von / Musielack, Hanno (2013): Das große Verwalter-Handbuch: Wohnungseigentum sicher managen; Freiburg 2013.

Heider, Anna Katharina (2016): Unternehmenskultur und Innovationserfolg in Fami-lienunternehmen; Wiesbaden 2016.

Lange, Thorsten (2017): Immobilienmarkt Deutschland 2017/2018; Hamburg 2017.

Piekenbrock, Dirk (2018): Markt; online verfügbar unter: https://wirtschaftslexikon.gabler.de/definition/markt-40513M; zuletzt aktualisiert: o. D.; zuletzt geprüft am 22.03.2018.

Schmidt, Christoph (2016): Steigerung der Objektivität Interner Revisoren. Rotation als effektives Instrument; Wiesbaden 2016.

Voigtländer, Michael / Henger, Ralph / Haas, Heide / Schier, Michael / Jaroszek, Lena & Kröncke, Tim-Alexander (2013): Gesamtwirtschaftliche Bedeutung der Im-mobilienwirtschaft; Berlin 2013.

Voigtländer, Michael (2014): Wohneigentum in Deutschland: Ein Überblick; in: Voigtländer, Michael / Depenheuer, Otto (Hrsg.): Wohneigentum. Herausforderungen und Perspektiven; Wiesbaden 2014; S. 6–64.

Willenbacher, Patrick (2016): Die Gestaltung unternehmerischer Anreizsysteme aus verhaltenswissenschaftlicher Perspektive; Diss.; Wiesbaden 2016.

Williamson, Oöiver E. (1994): Transaction Cost Economics and Organization Theory; in: Smelser, Neil J. / Swedberg, Richard (Hrsg.): The Handbook of Economic Sociology; New Jersey 1994; S. 77–107.

Woeckener, Bernd (2013): Volkswirtschaftslehre; 2. Auflage; Wiesbaden 2013.

Wolke, Thomas (2008): Risikomanagement; 2., vollständig überarbeitete und erweiterte Auflage; München 2008.

BEI GRIN MACHT SICH IHR
WISSEN BEZAHLT

- Wir veröffentlichen Ihre Hausarbeit,
  Bachelor- und Masterarbeit

- Ihr eigenes eBook und Buch -
  weltweit in allen wichtigen Shops

- Verdienen Sie an jedem Verkauf

Jetzt bei www.GRIN.com hochladen
und kostenlos publizieren